Christoph Leisten
Marrakesch, Djemaa el Fna

Christoph Leisten

Marrakesch, Djemaa el Fna

Prosa

Rimbaud

*meinen Eltern,
Gertrud und Josef Leisten,
in Liebe und Dankbarkeit*

I

Vom Abheben. Vermutlich wird diese Geschichte nicht mehr geschrieben werden. Vielleicht hätte sie auch niemals geschrieben werden können, jetzt jedenfalls ist es zu spät. Zu alltäglich sind die Vorgänge geworden, zu gewöhnlich auch, als dass es noch glaubhaft erschiene, sie sezieren zu wollen mit der Aussicht auf die Entdeckung von Neuem, bislang Ungesagtem. – Neu ist nur das großflächige Marmor-Imitat in dieser Abflughalle, in dessen Spiegelungen das Neonlicht ertrinkt, dass es einem den Boden unter den Füßen entzieht beim bloßen Gehen. Dahinter: die üblichen Abfertigungen, die jetzt üblich gewordenen Wartezeiten, über die sich debattieren ließe in einem Diskurs der Unwägbarkeiten. Vom Gleichgewicht des Schreckens ließe sich dann reden, wieder reden, vom Bodycheck als einer Metapher der realen Verhältnisse im global village. Aber dahinter bleibt alles gleich, ist alles gleich geblieben: das weiterhin und bis auf Weiteres unbeschreibbare Abheben, ein vorübergehendes Zittern im Raum zwischen den alten Elementen. Was geht dem Abheben voraus? Manchmal ein akustisches Signal vielleicht, dann wieder ein standardisierter Vordruck, eine Leere, ein Anderssein, eine Manie, ein Moment der Grenze zwischen Wissen und Wahn. Du jedenfalls hebst regelmäßig den Telefonhörer ab, hebst das Geld ab vom Konto, du hebst dich selbst ab oder du willst dich abheben von den anderen. Wie sagte jemand einmal? Jetzt hebst du ab. Du wolltest das nicht hören, obwohl es natürlich stimmte, immer stimmt. Wenn das Zittern vorüber ist, kommt die Maschine ins Gleichgewicht. Das klare Gefühl des Zitterns weicht der seltsam törichten Ungewissheit, irgendwo ankommen zu müssen, irgendwo ankommen zu müssen im Raum.

2

Erst ist der Ozean blau, dann biegt die Maschine langsam bei. Mit halb gesenktem Haupt wandert dein Blick zwischen der Kunststoffverschalung der Sitze, in die eine Arabeske eingelassen ist, und dem viel zu kleinen Seitenfenster, das jetzt gerade den Blick freigäbe auf die Schraffuren der Erde. Aber dein Mittelplatz lässt wenig übrig von diesem Bild, das selbst in Gänze nur einen unvollständigen Eindruck gäbe von dem, was kommt. Sinkflug, Druckabfall. Im Haltenetz vor dir, neben den Sicherheitsvorschriften, dem Duty-Free-Angebot: das Hochglanzmagazin der Royal Air Maroc. Ein Couturier in Paris schneidert neuerdings den Kaftan für die Frau von Welt. Draußen die Ockerlandschaft, Felder und Wege, dazwischen vereinzelte Gehöfte, insgesamt ein ländliches Gebiet, in dem sich eine Zeit vorstellen ließe lange vor der Erfindung der Fliegerei. – Der Druckabfall nimmt zu, schmerzt für einen Moment, dann ist die Landebahn in Sicht, ein Fremdkörper Asphalt, abgezäunt von der Felderlandschaft, die gerade noch wirklich war.

3

Später, wenn die Flugzeugtür aufgeht, ist es, als beträtest du einen anderen Raum: Die ersten Schritte die Gangway hinunter sind tastende Bewegungen wie unter einem Beatmungsgerät, das dir angesichts dieser Luft, einer Mischung aus Wärme und Wind, das bloße Überleben erlaubt. Atmen. Atmen lernen. Aber da ist niemand, der dir auf den Rücken klopft. Es geht wie von selbst. Die ersten Schritte unter diesem Himmel, über das Flugzeugfeld. Ist das Erreichen der Ankunftshalle ein Schritt in das Land, oder ist es Rückfall ins Zuhause? – Jedenfalls geht es bürokratisch zu. Schlangestehen, Warten auf den Stempel im Pass. Einer regt sich darüber auf, dass die marokkanischen Zollbeamten die Pässe immer, wirklich immer von hinten aufblättern und dann die Seite nicht finden. Der Zollbeamte schlägt meinen Pass von hinten auf und findet die Seite. Zwei Stempel werden gesetzt. Die Konturen des Ziffernstempels fallen zu blass aus, der Zollbeamte zeichnet sie sorgfältig nach mit einem Kugelschreiber. Das dauert.

4

Es ist eine andere Zeit. Es ist eine Zeit, als die Erde noch Zeit hatte, eine Verlaufsform besaß. Als Gegenwart greifbar war, ein ausgedehnter Raum, der gefüllt sein wollte mit dem, was jetzt gerade ist. Das dauert. – Vor der Halle des Flughafens warten die Taxis, zu Hunderten. So kann die Wahl des Gefährts in Sekunden getroffen sein – oder sie dauert unangenehm lange, wer weiß das im Voraus schon zu sagen. A Djemaa el Fna. 60 Dirham. Einsteigen. Nicht anschnallen, Ce n'est pas obligé. Fahrt über die Ausfallstraßen bis ins Zentrum der Stadt. Die Frontscheibe des alten Mercedes Benz: ein weites Fenster, das den Blick großzügig freilegt auf die Gegenwart der Paradoxien. Vor dir überholt ein Eselskarren den liegen gebliebenen Suzuki.

5

Ankunft. Break on through to the other side. Der Ausstieg aus dem Taxi ist wie das Durchschreiten einer Bühnentür. Andere Welt? Es ist, als sei einem beiläufig und fast aus Versehen der Zugang gewährt zu einer Szenerie der Vorbereitungen, zu einem Schauspielabend etwa, einem Festbankett, einem Szenario. Statisten, Chargen und Protagonisten. Für den ersten Moment Fragmente einer jetzt noch undurchdringlichen Geschäftigkeit, die man nicht versteht, weil sie in sich ruht. Es ist, als habe alles und jeder seinen Platz, seine Aufgabe darin.

6

Das erste, was ich wahrnahm auf dem Platz, war eine Coca-Cola-Reklame in arabischer Schrift. Weiß schwangen sich die Lettern auf dem roten Grund der Markise über einem kleinen Café. Natürlich konnte ich das Arabische nicht lesen, und doch erschien mir diese Schrift als einzig Altvertrautes inmitten der Fremdheit dieser Menschenwoge, in die mich das Taxi entlassen hatte mitten auf dem Platz. Was ich hätte sehen können, schien zu viel zu sein. So war ich gebunden an das, was mir vertraut erschien, auch wenn es mir noch nie begegnet war.

7

Hindurch, Durchgangsplatz. Wie immer, auch jetzt wieder: der unvermeidlich eilige Weg zum Quartier.

Kaum ein Blick nach rechts oder links, sondern nunmehr bloß eine Passage zwischen Reise und Ankunft, Sesshaftwerdung. Auszeit. Trotzdem, die Bilder setzen sich auch in diesem Blindgang hinter deiner Netzhaut fest. Später liegst du auf dem breiten Bett, die Augen gerichtet an die weiß gekalkten Wände, die im Innern des Auges fortwährend Bilder eines Landes projizieren.

8

Hotels. Der Raum der Erinnerung, die weiß gekalkten Wände, ein Privileg. Das unberührte Zimmer: vor oder nach jedem Eintritt der erneute Versuch, seine Unberührtheit wieder herzustellen, die Falten zu entfernen im Überwurf. Ein Bett, ein Tisch, ein Stuhl: das ist fast schon eine Geschichte, eine Art Grundausstattung für das Leben. Schlafen, Lieben und Aufwachen, Essen, Schreiben und Lesen. Der Blick nach draußen, nach drinnen ist ein Atmen, in dem du dich eingerichtet hast. Du schaust dich um: die Tagesdecke, ein gutes, grob gewebtes Stück vom Lande, das alles kaschiert, all die möglichen und wirklichen Geschichten etwa, darüber der Schriftzug *La Perle du Sud*. Die Klimaanlage, ausgetüftelte Möglichkeit zur Fernbedienung der Luft, in der die Atmosphäre sich verkehrt. *The coolest solution.* Über dem Tisch der Spiegel. Schminkvorrichtung oder

Blick in dein Ich. Wie immer suchst du nach den blinden Stellen darin, ein Relikt des Orientalismus, wie du ihn aus Filmen kennst.

9

Alles beginnt langsamer, als hätten die Dinge unendlich viel Zeit. Das Initial eines Morgens: die hungrigen Katzen tastend wie im Halbschlaf in ihren Bewegungen. Retardationen im Aufwachen eines Mannes, der unter seiner Habe in den Straßenecken schläft. *Vielleicht / erreicht ihn ein Ende / seiner Sehnsucht.* Jeder Anfang ist eine kaum merkliche Interpunktion, hinter der sich ein Warten aufspart für die Ereignisse des Tages: Glück und Erschütterungen, die noch weit entfernt erscheinen. Aber es ist nicht das Elend, es ist nur die gelebte Zeit, die Dauer, die dir so fremd ist.

10

Warten auf ein Werden, auf Erlösung, vielleicht auch auf ein Ende. Oder doch nur der Zeitraum, der verstreicht zwischen dem Auftauchen des Wägelchens mit der Presse und dem Präsentieren der neuesten Zeitungen in der Auslage am Kiosk.

11

Es ist, als müsstest du dir Gewissheit verschaffen, dass es diese Stadt noch gibt. Ihre trigonometrischen Punkte, aus denen du dir ein Bild konstruierst. Der Laden des Lebensmittelhändlers, der Olivenstand, an dem ein Neffe des Patrons jetzt seinen Dienst verrichtet. Das Café, in dem der Kellner Mohammed aus seiner Müdigkeit erwacht, um dich zu begrüßen. Möglich wäre, wenn auch nicht wahrscheinlich, dass sein Café tatsächlich eines Tages verschwinden würde. Aber das ist eine andere Geschichte.

12

Endlos geknüpfter Teppich aus Geräuschen, Klangraum, Polyphonie, immerwährendes Lied und Gebet. Automotoren, Lastkraftwagen, Fahrradgeklingel. Die Glocken der Wasserverkäufer, die Flöten der Schlangenbeschwörer, Debatten unter Kameraden, eine Gute-Nacht-Geschichte. Pferdehufe, Autohupen, klingende Gläser auf dem Tablett eines Kellners. Die Trommeln der Gnaoui, Werbejingels, Fußballkommentatoren, Bach, Vivaldi, Deep Purple, die Stones. Die Monotonie im Vortrag eines Fremdenführers. Rasseln, Kinderweinen, die Pfeife eines Polizisten, sein machtvoller Verweis voller Verachtung für das hinkende Gegenüber, das Klimpern der Münzen in den Händen des Zigarettenverkäufers, Rufe und Schreie, das Klackern der Hochplateaupumps, die Schellen der Pferde, die Peitsche des Kutschers, die schlurfenden Schritte eines Bettlers, das Zusammenrücken der Stühle für den Hinzukommenden, das gleichförmige Surren der Motorroller, das Aufglimmen deiner Musik, ihr Kontinuum im Auf- und Abschwellen einer Melodie, die den Platz einatmet und ihn zugleich lebendig macht. Das Rühren eines Löffels im Milchkaffee, das quietschende Lenkrad eines Rollstuhls, die zischende Kaffeemaschine, das Blättern der Spielkarten auf einem Karton, auf dem Pflaster und auf dem Kaffeehaustisch. Das Entzünden eines Streichholzes an der roten Mauer, im Gehen, das murmelnde Gebet auf den Lippen jener Alten, die sich mit all ihren Dingen auf dem Weg befindet durch die Straßen der Stadt, endlos.

für Manfred Leuchter

13

Später schon: Das Durcheinander der Bewegungen, eine écriture automatique, die sich selbst erzählt und deren plötzliches Innehalten so zufällig zu sein scheint wie das Liegenbleiben einer jener vielen schwarzen Plastiktüten, die der Wind bei Leere über die freie Fläche bläst. Ausflüchte, Ausrisse, Mitschnitte. Umschlagplatz, in dem die Konjugationen verschwimmen. Vergangenheit, Gegenwart und Zukunft. Du weißt, was du tust. Du wirst dich nicht verlaufen. *Je est un autre.*

für Bernhard Albers

14

Bühnenlaute. Vom Durchgangsgeräusch der Eisenkastagnetten und der Tamburine wirst du hineingezogen in das Spiel. Es gibt kein Entrinnen. Schon gehorcht dein Schritt dem Rhythmus der Stadt. Vom Zuschauer zum Mitspieler verdammt. Jedem seine Rolle auf den Leib geschrieben, es gibt keine Voyeure, du Geck, du Infant, ich Opfer ich Täter, du Zauberer du Clown, ich Liebhaber ich Bösewicht. Und immer wieder anders auf der nach allen Seiten hin offenen Agora, deren Zugänge (Fußgängerzonen, Gassen, Alleen, Suqstraßen) sternförmig auf den Bühnenraum auslaufen.

15

Schreiben: Vertraute Musik in fremden Zusammenhängen. Die Grammatik einer Sprache, die es noch nicht gibt. Eine Reibung zwischen Rädern und Asphalt. Das

Warten auf den Bus (der nicht kommt). Die Gegenbewegung der Schritte im Suq. Eine Erinnerung, in der Gestern und Morgen verschmelzen. Der Fadenschein, ein Fehler im Gewebe. An einer beliebigen Stelle beginnen. Die Seite wechseln (im Buch, auf der Straße). Die langen Schatten des Morgens und des Abends. Das Verschwinden eines Kopfes in der Schrift. Ein Fremder, der von meinem Wasser trinkt. Eine plötzliche Einsicht. Das Verstehen kommt ohnehin immer von den Rändern: Es ist alles da, was du schon kennst. Die Farben, die Geräusche, die Gerüche. Gangarten, Glück und Elend. Ja, sagst du, aber ich kannte es anders. Denk nur an die Augengespräche der jungen Verliebten.

16

(*Bilder, die hinter die Bilder geschoben sind.* Dieses Tor beispielsweise, dessen Fayencen jetzt aufleuchten unter der Markise, von der du gerade sprachst. Und dahinter wieder ein anderes Bild, wie eine sich immer weiter fortsetzende Glasmalerei, die der Phantasie in ihren Verzierungen einen Raum überlässt, zu vermuten, was dahinter sei. Zum Beispiel die Erinnerung an die Tafelberge auf dem Weg, die Schraffuren der Jahrtausende. Du zeigtest mir darin die Seiten eines aufgeschlagenen Buches, und ich dir, ein paar Kilometersteine weiter, ein auf die Seite gelegtes Herz. Die aus den Steinen geformten Schriftzüge in den Abhängen der Berge waren uns für einen Moment die Schwere des Schreibens, das Gewicht der Welt.)

17

Umschriften, die dir auf dem Platz begegnen, auf Markisen, Straßenschildern, Speisekarten, Rechnungen: Djema l fna, Jamaa al Fana, Xemma el fna, Jemaa elfna, Djemaa el Fna, Jamaa al fanaa, Djemaelfna, Jemaa el fna, place, LA pLAcE, Laplace djemaalfana. Es ist alles eins.

18

Versuch eines Rundgangs, vorbei an den Rändern des Platzes, kommend von Bab Fteuh, dem FNAC berbére, *la première librairie à Marrakech,* die Schleuse auf den Platz, linkerhand Café Argana, nobel (die Eiskugel zum Preis eines Tagelohns), der Eingang zur Kissaria, Läden mit Touristenkram, überdachte Garküchen, drei Friseure, Teleboutique (Gesprächskulisse, die von Begrüßungszeremonien beherrscht wird: *la-bas, bechér, kulshi bechér, hamdullah, la-bas, la-bas, kulshi bechér*), dann die Wendung in eine andere Richtung, links um die Ecke: Touristenläden Touristenläden Touristenläden, Plastification, Musikcassetten: Cheb Khaled, Cheb Mami, Tracy Chapman, Gnawa Diffusion, Bob Marley, Shakira, weiter die Wendung nach rechts: ein mobiler Kleiderhändler, der seine Waren – Unterhemden, Gürtel, Hosen und Röcke – ausruft, Les Terrasses de L'Alhambra. (*Doch der schwerste Verlust war die unerwartete Schließung des Café Mattich während des letzten Ramadans.*) Daneben Kodak, Moschee, nach rechts der Blick auf das Restaurant Chez Chegrouni, weiter links Sonnenbrillen und Uhren, ein Zeitungsstand, Café de France, vue panoramique, Kiosk, Maroc Telecom, Café La Place, Eingang zum Marché, Croissant-Rouge, Moschee, zwei Restaurants, davon eines mit dem Namen Toubkal, schräg gegenüber Café Restaurant Waha, Kiosk, alter Busbahnhof, Kodak, Hotel CTM, Café Glacier, Zeitungsstand, Postkartenladen, Zigarettengeschäft, Pharmacie de la Place, Fußgängerzone, Bank Al-Maghrib, Stichstraße, La Poste, das Minarett der Koutoubia hinter den aufgereihten Kaleschen, Club Med, Gendarmerie, Schuhputzer, Argana, Bab Fteuh, FNAC berbére.

19

Hand in Hand gehen miteinander über den Platz die Freunde, die Freundinnen, zwei Brüder (leicht ergraut),

Mutter und Kind, drei Kinder, vier Kinder, ein windiges Pärchen, Gandorra und Jeans, Shorts und Djellabah, Kaftan und Haik, verhüllten und unverhüllten Gesichts, geschminkt und ungeschinkt. Einer legt den Arm um die Schulter des anderen.

20

Kompilation, re-mix, A New World Odyssey: Cool-Weather-Parfum, Tops Cola Meilleur gout meilleur prix, Techno und Muezzin. Die T-Shirt-Aufschriften University of New York, London, Madrid, Cottbus; Luder, Kölle Alaaf, Take me tonight (darüber ein Kopftuch tief ins Gesicht). Haute Couture Marocaine: die Dame von Welt, jetzt in einer Gandorra mit handgefertigtem Spitzenbesatz in der Trendfarbe Grün. I love HipHop made in Morocco. Die arabischen Ziffern einer Armbanduhr. Marokkanische Urlauber: Zwillingstöchter an der Hand der Mutter, die eine traditionell, die andere europäisch gekleidet. Daneben zwei Freundinnen, die sich voneinander abheben, Schleier und Bauchfrei Hand in Hand: Verabredung zum Chat im Internetcafé. Exil auf Zeit. Marvel Full Flavor aus der offenen Packung zum Verkauf dargeboten, Roam with us in Morocco, change exchange cambio wechsel, Baseballcaps mit den Initialen der New York Yankees.

Hemden, Hosen, Shirts von Dolce & Gabbana, Gucci, Calvin Klein. Brotverkauf an den Rändern des Platzes.

21

Überhaupt die Anwesenheit unserer Schrift: la vache qui rit, Aicha Confiture presents le Rallye des Gazelles, Kodak, Kodak, Kodak, le bon lait de marrakech, hich@m.net, Brillantine Majid Cristallisée, Tide, Wash, Montblanc Meisterstück und Monbtlanc Meistersuck, Café Restaurant Waha cuisine traditionelle cyber space. Blätter, auf denen Preise ausgehandelt werden. Zu schweigen von den Restaurantrechnungen: Computerausdrucke, Quittungszettel, der schwungvolle Ausriss aus einer Papiertischdecke.

22

Das nervöse Auf und Ab der Leute in Touristenkleidung (Shorts, Hemdchen oder trägerloses Top, Kamera vor dem Bauch, Handtasche im Griff), geblendet von diesem Licht und der Überfülle der Eindrücke; ihre Unsicherheit beim Studieren der Speisekarten vor den Terrassen, die sie nicht glauben entziffern zu können, obwohl sie in ihrer Sprache verfasst sind. Ihr kritischer Blick fixiert die Gäste an den Tischen der Terrassen und deren Gerichte. *Wir treten in jede Form des Marktplatzes ein, die wir wollen, während wir doch in unserer eigenen Form bestehen bleiben.*

23

Die Schwierigkeit, eine Sprache zu finden. Das Schreiben ist immer in den Dunkelräumen. Dort, wo die Namen gleich, aber die Bedeutungen andere sind. Denk nur an die Speisekarten oder den Blick eines Bettlers. Déjà vu. Du bist gewöhnt an das Düstere, du stellst die Abgründe heraus.

24

Wir lesen stetig irgendetwas in den Gesichtern, bevor die Sprache den Mund öffnet. Ob zum Beispiel etwas dahinterstünde, was uns verborgen bleibt, hinter diesem Lächeln. Ein Geheimnis? *Könnte man etwas verstehen, was wäre es? Es könnte, nein, es müsste, wie bei jedem echten Erzähler, eine Geschichte vom Anfang sein.* Spätestens am dritten Tag nennt uns die Stadt beim Namen. Was ändert das schon. Wind und Wärme, es liegt in der Luft.

für Reinhard Kiefer

Eine Einladung zum Essen nach wenigen Minuten. My friend, I make you a good price. Was Freundschaft genannt wird, braucht Stunden oder Jahre. Dazwischen gibt es wenig. Einmal kamen wir nach Jahren zurück – waren es acht oder zehn Jahre? –, da nannte uns jemand beim Namen und bat uns hinein.

26

Erinnerung an das Mahl: Die Sinnlichkeit der rechten Hand, die Feuchtigkeit, ein Glanz von Öl, von den Fingerkuppen unwillkürlich aufgenommen, nachdem die Tajine, das konische Gefäß, auf dem Tisch steht, der Deckel gelüftet, *bismillah*, die Einladung zum Essen gesprochen, der erste Bissen genommen ist – Auftakt für die behäbigen Bewegungen deiner Hand zwischen Tongefäß und Mundhöhle, während derer Daumen, Zeige- und Mittelfinger mehr und mehr in einer Feuchte versinken, verschmelzen, ineinandergleiten, eins werden beinahe mit der Speise, aus deren kunstvoller Drapierung sie pflücken, deren Aroma sie atmen, weiter, tiefer hinein in das gemeinsame Mahl, bis ein feuchter Glanz die Glieder mehr und mehr einnimmt, sie überschwemmt, während dein Gastgeber dich stetig zum Weiteressen ermutigt – *kul, kuli* –, Stücke von Frucht, von Gemüse und Fleisch geteilt werden mit bloßer Hand, dir zugeteilt werden, mit zwei Fingern an den Rand der Schale vor deinen Augen, und Hände sich berühren in der Schale, in einer unwillkürlichen Begegnung, der vieles, aber nichts Verbotenes zukommt, Hautpartien, Poren, Nervenenden aneinandergleiten, hemmungslosen Einladungen gleich, bis sich der feuchte Glanz über die Glieder ausgeweitet hat auf die Höhle, den Rücken der Hand, die Hand ganz aufgehoben ist in diesem Mahl, dem Abendmahl zu ebener Erde.

für Abdellatif Squizzi und Malika

27

Ganz am Ende, wenn die Schale geleert ist, setzt deine Scham ein über die Feuchte der Hand, doch man versteht dich wortlos. Wasser und Tuch werden gebracht und lösen dich aus. Dann kommt der leise Schlaf. Aber das Mahl bleibt Erinnerung; es bleibt für den Rest deines Tages der Safranrand unter den Nägeln, die Hand gegilbt von der Speise.

28

Du legst dir etwas zurecht. Natürlich war es nicht die schöne fremde Schrift, die dich angezogen hatte auf dem Platz. Jetzt, viel später, erscheint es dir, als sei es schon beim ersten Mal die Menschenmenge gewesen, jene Woge unüberschaubarer Vielfalt und in ihr all die vielen Einzelnen, ihre Wahrnehmung mit deinen Sinnen. Geräusche, Gerüche, Farben und Haut in allen Schattierungen. *Der Nabel der Welt.* Babylon. Aber auch das ist sicher nicht wahr.

29

Wie viele Sprachen? Du kannst sie nicht zählen, selbst die Menschenmenge entgleitet dir ja. Und welche der Sprachen wären zu vermerken in einer Nomenklatur? Etwa nur die schriftlich verfassten, oder auch die gesprochenen Sprachen, für die es keine Zeichen gibt auf dem Papier, deren Zahl jedoch unendlich ist, nimmst du die Dialekte hinzu, die Idiome der Berber, der Leute aus Tanger, Fes, Essaouira und Meknes, wie sie abends in den Kreisen trefflichst parodiert werden, oder die privaten Sprachen, in denen sich die Händler, die Gaukler, die Tagediebe und die Verliebten unterhalten. *Könnte man etwas verstehen...*

30

Parallele Tätigkeiten morgens im Café: flüsternde Gespräche, ein Für-Sich-Sein beim Zeitunglesen. Dattelkerne, die jemand fallen lässt. Daneben, seltener: das reine Warten, mit übereinandergeschlagenen Beinen, und die diversen Möglichkeiten des Schreibens, seine Ziel- und Zweckgebundenheit etwa beim Ausfüllen eines Lottoscheins. Umgekehrte Kausalitäten. Die langen Schatten des Morgens, des Abends, und deren beider Stille. – Was geschah gestern oder im vorigen Jahrhundert? Was ist für den kommenden Tag zu erwarten? Vielleicht ein Glück. Vorläufig ziemt dir das Aufgehen der Sonne so zuverlässig wie das Erscheinen der Zeitungen mit ihren unaufhörlichen Fortsetzungsgeschichten. Manchmal ist Schlimmes zu lesen. Der Traum von gestern Nacht scheint weiter entfernt als die schreckliche Wirklichkeit in London, Rom, Paris. Am Morgen gleicht die Stadt sich selbst.

31

Die Religion an den Rändern. Das Geschehen gespannt zwischen dem Abendgebet in den Moscheen, das die Verneigungen der Betenden bis auf den Platz ausdehnt, und der Tagesausgabe der Neuen Zürcher Zeitung, drüben am Kiosk. Raum des Erinnerns. Dazwischen: die Diagonale, eine gedachte Linie, die stetig übertreten wird von den vereinzelt und in Gruppen vorüberziehenden Passanten.

32

Palimpsest, eine Asphaltschrift, die sich täglich neu entwirft, die Geschichte weiterschreibt auf einem nur vermeintlich leergewischten Blatt. Oder: eine Geschichte der Überschreibungen, der kontinuierlichen Fortführung von Bewegungen, der Überlagerung von Ablagerungen eines Konglomerats aus Teer, Staub und Tinte, die zunehmend schwärzer wird, schwarz. Eine mit jeder Erklärung, jeder Hinzufügung unzugänglicher, unlesbarer werdende Textur, die in der Mitte des Platzes beinahe in sich selbst versinkt, sich selbst auslöscht in der Folge der nächtlichen Erhitzungen, denn unter dem Asphalt liegt die Wüste. Das ist die Geschichte.

33

Jedem Orientalismus misstrauen, vor allem: dem gut gemeinten, hinter den Fassaden. Die Dinge nehmen, wie sie sind. Sich das Erstaunen bewahren über das

Befremdliche, das Befremden über das Erstaunliche. Den Orientalismus für ebenso anachronistisch halten wie den Okzidentalismus. Das ist der einzige Vorzug: Im Nebeneinander zeigen die Dinge ein anderes Gesicht. Schweigen wir von der Wahrheit.

34

Über Jahre bildeten die zwei Reihen der Orangensaftstände aus der Perspektive der Terrassen ein langgezogenes V, als stünde irgendetwas auf dem Platz für irgendeinen Sieg. Auf alten Postkarten siehst du eine Sinuskurve, den Halbkreis oder eine Zick-Zack-Linie. Neuerdings hat die Stadtverwaltung die Wagen zu drei kleineren Formationen gruppiert. Irgendwann deuten sich die Zeichen wie von selbst.

35

Es war einmal eine Zeit, da gehörte die einzige Markise mit jener Schrift, von der du sprachst, zu einem kleinen, unscheinbaren Café mit dem Namen Café Place (oder Café La Place oder Café de la Place; der Besitzer hatte sich nicht entscheiden wollen oder können oder es war ihm egal gewesen, und so las man die verschiedenen Varianten auf dem Saum der Markise, auf einem handgeschriebenen Schild und oben am Dachfirst der Terrasse). Eines Tages kamst du in die Stadt, um dort bei Mohammed oder Ibrahim einen ersten Tee zu trinken, doch das Café war verschwunden. Auf der Terrasse, die früher vollgestellt war mit den alten blauweißen Plastikstühlen, hatte sich ein Händler mit chinesischem Billigzeug breitgemacht. Keine der vielen Markisen über den anderen Cafés, die allesamt die wohlbekannte Schrift zitierten, erinnerte an das Café Place.

36

Was treibt uns zu gehen. Eine Beschäftigung vielleicht, ein Familienbesuch, das Sightseeing, düstere Absichten, der Gang in die Moschee. Einer führt sein Fahrrad spazieren, zwei andere gehen dahin, um miteinander zu reden. Jemand ist auf dem Weg, der scheinbar jede Richtung verloren hat, ein anderer, der genau weiß, wo es langgeht. Die Dame von Welt geht in ein Internetcafé am Rande des Platzes, auf der Suche nach einer Immobilie. Ein Mann in sehr ärmlicher Kleidung bleibt einfach stehen. Der Blumenhändler trägt hunderte Rosen über den Platz. Einer geht, um den Gehenden zuzusehen, ein anderer, um irgendwo stehenzubleiben. Der Platz geht sich selbst. Im Gehen fällt alles leichter: Begegnung und Abschied.

37

Djemaa heiße «Versammlung», lehrtest du mich, was das Miteinander und die Gemeinschaft konnotieren lässt, zugleich werde es hergeleitet vom arabischen Wort für «Moschee». Im 19. Jahrhundert übersetzte man das mit dem Wort «Kirche». Jetzt finden die Beter am Freitag nicht genügend Platz in den Moscheen am Nordrand und am Ostrand des Platzes, und die Verneigungen weiten sich aus in den offenen Raum.

38

Nur hier vorstellbar: das Schreiben auf dem Asphalt, am Bordstein, in der Straßenrinne sitzend wie dutzend andere. Nichts mehr unterschiede den Schreibenden von der Menge. Es gibt ein Photo davon, in das er sich hineindenken könnte mit Leichtigkeit. Die Beine angewinkelt im Staub, das kleine Notizbuch auf den Knien, versunken in die Schrift, aufgehoben in ihren Bewegungen, den Geräuschen des Platzes. Um wie viel leichter vorstellbar ist dies, als zu sitzen an einem der wohlfeilen Sekretäre im Foyer des Hotels Mamounia, wo sich allenfalls ein Photo arrangieren ließe, das behauptete, vom Schreiben zu erzählen, ohne dass ein Wort, ein Satz zustande käme.

39

Sengend, die Sonne am Mittag, wenn die Straßen leergefegt sind und sich jedes Geräusch darin vergrößert. Die Bewegungen sind, wenn überhaupt, verlangsamt, als nähmen die Uhren eine heimliche Auszeit. Zwei halbwüchsige Jungen sind dabei, den Kaffee zu bereiten, den du bestellt hast: eine Beschäftigung, die ihren Nachmittag ausfüllt. Ungelenkes, eifriges Hantieren an der Maschine. Darüber hinaus ist jetzt jeder Schritt hörbar, seine Näherung, sein Entfernen. Die verhaltenen Gespräche lassen einen Raum für die Unterhaltungen der Spatzen, die in den Bäumen verborgener *Riads* nisten und fremde Sprachen lernen. Viel später hingegen zwei andere Arten von Geräuschen: die asynchron auf- und abschwellenden Unterhaltungen der Touristen auf dieser Terrasse und, etwas entfernt, die Gesänge einer Hochzeit, drüben am Rande der Stadt und der Wüste.

40

Blick von der Terrasse des Café de France. Die Unbeschreiblichkeit des Platzes mag daher rühren, dass er jeder geometrischen Grundform entbehrt. Vergleiche die Stadtpläne in den Reiseführern, die du mitgeschleppt hast: Nie wirst du den Grundriss auch nur annähernd ähnlich eingezeichnet finden. Komm mehr- oder vielmals hierher, und immer wieder wirst du einen anderen Platz vorfinden: Nach Westen hin hat sich die Häuserfront gespreizt, die alte Busgarage ist näher gerückt, zwischen Post und Bank Al-Maghrib klafft nun eine riesige Schlucht, und die Koutoubia ist weit entfernt wie nie zuvor. Du gehst der asymmetrischen Struktur des Platzes auf den Leim, die dich glauben macht, der Hohe Atlas läge ein paar Autominuten hinter dem Eingang zu den Souks, während der Club Méditerranée auf der gegenüberliegenden Seite des Platzes ein halbes Jahrtausend entfernt sein müsse. Und die vertrauten, fremden, immergleichen, neuen Menschenbilder dieses Platzes lehren dich die Wahrheit dieses Trugs. Menschenmengen. Sie kommen aus dieser Stadt oder aus dem Hohen Atlas, nicht vom Club Méditerranée, und sie haben mitunter eine weite und beschwerliche Reise hinter sich. Aber diese Reise wird morgen oder übermorgen für sie der Bruchteil einer Sekunde sein im Vergleich zu dem, was ihrer Erinnerung hier im Verlauf von Minuten auf viele Jahre hin geschenkt wird: Geschichten. Sie hören Geschichten, als gäbe es das wirklich noch: Geschichten von Lüge und Verrat, von Liebe und Barmherzigkeit. Anfänglich sind es oft nur wenige, die in der Halqa lauschen, dann stoßen andere hinzu, die sich den Beginn nun selbst zu denken haben, und die doch den Fortlauf der Geschichte und damit selbst den Erzähler verändern, denn die erweiterte Zuhörerschaft verlangt nach größeren und lauteren Worten und nach einem Mehr an Gestikulation. Sie alle bringen ihre Geschichte mit und lassen sie sich neu erzählen. Es gibt traurige und komische Geschichten, lang ausholende und kurze und Geschichten ohne Zeit, Geschichten für Frauen, für Männer, für Kinder, aber niemand kontrolliert die Zuhörerschaft. Jeder auf dem Platz trägt das Seine dazu bei, dass die Geschichten erzählt werden können, und nur, wer gar nichts anderes hat, der zahlt in barer Münze. Auch gibt es die Geschichten, die gar nicht laut erzählt werden müssen, denn sie werden aufbewahrt in kleinen Schatullen oder in Fläschchen oder sie liegen sorgsam ausgebreitet auf einem fleckigen Teppich und helfen gegen allerlei Unbill, den bösen Blick, die Gicht, den untreuen Gemahl, die Liebe, das Erschlaffen oder den Tod. Keines Wortes bedürfen diese Geschichten, weil jeder um ihr Geheimnis weiß, oder wenn nicht, dann wenigstens um das ihres Anbieters. Und neben all diesen Geschichten gibt es immer noch die Schreiber, die im Auftrag eines Unkundigen ein Papier ausfüllen, einen Brief aufsetzen, ein Testament verfassen, und wer könnte sagen, was an dem, was ihnen diktiert wird, und an dem, was sie niederschreiben, die Wahrheit ist und was erfunden, oder was am Ende eine höhere, weil erfundene Wahrheit genannt werden könnte. Die geheime, in jedem Moment sich neu formierende Ordnung auf dem Platz: In Wahrheit sind es die Menschen, die seine Architektur bestimmen, nicht die Mauern. Während die Schreiber von einzelnen Menschen aufgesucht werden, bilden sich um die Geschichtenerzähler Kreise, Halqas, Inseln im Meer. Schwankende Inseln, die wachsen und sich verdichten, die an den Rändern zerfasern und bröckeln, die sich vereinigen und die sich spalten. Veränderte Physiognomie der Erde in Jahrtausenden. Alles fließt, bewegt sich oder hält still, wie nach einer inneren Bestimmtheit. Die Sorge um das Abendbrot. Hoffnung auf ein kleines Glück, am Spieltisch oder mit der auserwählten Frau. Die Freude über den gestrigen Tag, den Schluck Wasser oder die zärtliche Vormittagssonne. Angst vor morgen. Lust auf eine Berührung, auf den gegrillten Fisch, Lust auf einen Abschnitt aus einem Buch aus der Universitätsbibliothek. Die Trauer über eine zerbrochene Freundschaft, der Ärger über die misslungene Tajine. Das Glück eines Lottogewinns, eines erhörten Gebetes oder das der Geburt eines Kindes. Der Zwiespalt, eine käufliche Frau zu nehmen oder zum Kartenspiel zu gehen oder eine blütenweiße, brokatverzierte Gandorra zu kaufen. Die Erinnerung an ein Telefonat, an den seligen Vater oder an die Fußballübertragung gestern im Café. Der Traum, to be in America oder Lehrer zu sein oder wenigstens Kellner auf der Terrasse dieses großen weitläufigen Cafés mit dem französischen Namen. Das Glück oder das Unglück, jemanden zu treffen (oder nicht zu treffen) auf diesem Platz. Der Plan, eine entfernte Verwandte zu besuchen und ihr einen kleinen Kuchen mitzunehmen. Die Suche nach einem weggeworfenen Stück Brot oder nach den Stöpseln leerer Coca-Cola-Flaschen. Nachdenken über den richtigen Sitz der Krawatte oder ob das Geld bleibt für ein Hammam am Abend. Die Sehnsucht nach Ablenkung, nach Aufklärung, nach dem Geliebten und seinem Wohlgeruch unter den Achseln. Der Verlust eines Einkaufszettels, einer Telefonnummer und der eines Geldscheins. Der Duft der Minze dieser Stadt. Der Rhythmus der Gnaoua-Trommeln, die eine Melodie ins Ohr diktieren. Der Blick auf die Uhr. Hände, die einander streifen und berühren, die einander zärtlich fassen oder sich meiden. Kleidungsstücke, die aneinander rüh-

ren oder die sich verfangen. Jemand legt die Hand auf eines anderen Schulter: unerwartete Begegnung. Gaslaternen werden gebracht, unlängst ist Dämmerung eingekehrt. Schon färbt sich die Sonne rot, und wieder ändert die Djemaa el Fna ihr Gesicht.

41

Ronaldo, Ronaldinho, Pele und Zidane, die Rückennummern dreizehn, neun, elf und siebenundzwanzig, und wenn sich einer von ihnen nach dem Karren des anderen umdreht, kannst du tatsächlich in sein Gesicht sehen, weil er dich mit einem Lächeln streift. Zidane ist jenseits der sechzig, Pele vermutlich sein Enkelsohn; die beiden anderen im besten Spieleralter. Sie sind die Vorhut der vielen, die mit ihren Karren die mobilen Küchen auf dem Platz auffahren.

42

Gehörst du schon dazu? Von deinem Platz auf der Terrasse waren es die Kreise, die *Halqas*, die dich angezogen hatten. Menschen, die in Bewegung sind in einem Miteinander, das nicht photographierbar ist. Ein Gedicht. Humane Chiffren in einer Landschaft, die zueinander in Beziehung geraten, trigonometrische Punkte, die ihre Bezüge untereinander freilegen, gleich Wörtern einer Dichtung, und doch viel mehr. Als sei das, was du hier siehst, ein Urbild, dem anderes folgte, selbst die Lehre der Wissenschaften, der Geometrie etwa, ohne dass es sich darin erschöpfte.

43

Ein unvermittelt auftretendes Geräusch, als würde ein soeben eingeschaltetes Mikrophon leicht angetastet; ob dies gewollt oder versehentlich geschieht, bleibt ungewiss. Aber bald darauf folgt ein erster Ruf des *Allah-Akbar*, weit, tief aus dem Innern einer einzelnen Brust hinaufgezogen und hinaus in die Lüfte des Viertels gelegt, als käme es hier einem einzigen Muezzin zu, den *Maghreb* auszurufen. Dann folgt die zweite Stimme, aus einer anderen, unerwartet fremden Richtung, die sich einmischt in die erste Sure des Buches, eine dritte, vierte, fünfte, lauter Stimmen aus entgegengesetzten Richtungen, sodass die Entfernungen schwinden, die weiten Räume zu einem einzigen werden, ein Gewoge, das dich angeht von allen Seiten, in verschiedenen Tonlagen und Lautstärken, bis es deinen Sinn für Entfernungen gänzlich löscht und du verwoben bist, eingebunden in die Stimmen und ihren Gesang, wie auf einsamem Meer, allein, einzeln, Ego unter den vielen, getragen ummantelt gewogen, bis sie schließlich wieder verschwinden im Nichts, die Stimmen, leise, langsam, Ton um Ton, um wieder Platz zu machen dem allgemeinen Geräusch.

44

Enjambements zwischen den Bildern: Der Blick bricht immer wieder vor dem Rand der Maske, wie wenn das Sehen umschlagen müsste in eine andere Bahn, noch bevor das Lid sich schließt für den Bruchteil einer Sekunde. *Intellectus materialis.* Im Nachhinein ist der Augenblick ein Mikrokosmos, weit kürzer als der 30-Sekunden-Schwenk deines Mobilfunktelefons, und seine Brüche sind vielfach, sodass sich die Bilder von den Rändern her potenzieren, weitererzählen bis in den Schlaf und darüber hinaus.

45

(*Hättest du mir damals erzählt* von den Bergen hinter der Stadt, ich hätte dich an einem anderen Ort geglaubt. In diesem Sommer lag ein leichter Dunst über dem Horizont, so unmerklich fast, dass er das Blau des Himmels kaum verstellte. Oase, dachtest du, sagtest du laut vor dich hin und zogst dabei die Vokale, als bliebe unendlich viel Zeit. Dabei wusstest du natürlich, dass auch diese Stadt wie hingeworfen wirkt in ein leeres Universum, Erdpunkt, Fluchtpunkt, barer Schein inmitten dunkler Nacht. Das blendende Licht. Als du wiederkamst, stand die Sonne tief. Eine Jahreszeit hatte die Straßen verwandelt, die Menschen gingen schneller, zum Stehenbleiben blieb weniger Zeit. Auch hier schrieb sich der Winter in die Haut der Menschen. Doch was du nicht gewusst hattest, bis dein Blick in den Himmel fiel: Selbst dorthin hatte sich der Winter eingeschrieben, und im tiefen Blau der Luft standen die Berge nun. Nein, nicht am Horizont erhoben sie sich, sondern mitten in den Himmel abgehoben, in den höheren Luftschichten standen sie, schwer und mächtig konturiert, wie auf deinen Bildern.)

46

Aber es heißt doch, die Djemaa el Fna sei «der Platz der Gehenkten», wo man von alters her die Köpfe der Getöteten auszustellen pflegte. – Oder meinst du vielleicht «die Moschee des Schreckens»? – Du hattest nie davon gehört. *Der Platz der Gehenkten heißt nicht der Platz der Gehenkten.* Nach jeder Erklärung stehen wir wieder da wie vor dem Beginn.

47

Ein Flickenteppich, darauf die Waren sorgsam ausgebreitet, dass jeder Quadratzentimeter genutzt erscheint, ein Universum für sich, das sich Morgen für Morgen aufbaut unter den Händen des Kundigen. Paracelsus' Welt oder die Kartographie der Heilsversprechungen: Tiger-Balm, Rhobb-Öl, Süßholz und Räucherstein, zwei parallel arrangierte Reihen von Straußeneiern, Amulette gegen die Geister. Schalen aus Ton und Kupfer für Speichelfluss, Blätter und Blüten; Koriander, Fenchel und Kardamon, Muskatnuß, Lavendel, Jasmin. Ein lebendiger Igel und die geriebenen Knochen aus den Kadavern verschiedener Tiere, der über der Gaskartusche köchelnde Sud. Eine Hand, die die Asche der verschiedenen Substanzen mit einem Nagel zur Medizin zerreibt, zu Impfstoff, Balsam und Tinktur, zum Fetisch gegen das Böse. Ein lebensgroßes Anschauungsmodell von den inneren Organen des Menschen. Beinahe vom gleichen Rosarot wie die den Platz umsäumenden Bauten: der aufgeschnittene Bauch, auf den der Zeigefinger des Kundigen jetzt gerade deutet, als du hinzutrittst, mitten in den Geschäften, um dir, während er die Anpreisungen, die halblauten Weisungen an den Ratsuchenden kaum unterbricht, das Herz hinauszunehmen, es dir zu reichen, nur so, damit du es fühlen kannst für einen Moment.

48

Noch einmal der Versuch, noch einmal dieselben Geräusche: die Trommeln der Gnaoui, ein Schlurfen über den Asphalt, das Rauschen des Autoverkehrs wie eine Brandung im Meer. Die Pfiffe der Verkehrspolizisten, die Fetzen eines Gespräches – *ajji, komm her!* –, das Klimpern der Münzen in den Händen des Zigarettenverkäufers. Die sehr nachdrückliche Bestellung eines Glases Kaffee, Hupen und Schellen, das Quietschen der Bremsen einer Vespa, ein zärtliches Wort zwischen Freunden, das geräuschvolle Anfahren des Touristenbusses, dessen Motor schon so lange lief, dass sein Geräusch wie eingewachsen erschien in diesen Platz, *balek, balek*, die Litanei des Karrenschiebers, die ihm den Weg freilegt in diesem Durcheinander, die klingenden Kronkorken der Coca-Cola-Flaschen auf dem silberfarbenen Tablett des Kellners, das Zischen beim Öffnen der Flasche, das Surren eines alten Ventilators, ein Händeklatschen, ein plötzliches Lachen am Nebentisch, das Knistern der Plastikfolie in den Händen des Hammambesuchers beim Öffnen der Biskuitpackung, eine Frage nach Feuer (oder nach Brot), die Rufe des Muezzins, eine überraschend eintretende Veränderung des Rhythmus, als lege sich dieser Sprechgesang unwillkürlich wie ein Firnis über die wohlbekannten Melodien, Leo Sayer, die Stones, Cat Stevens; *die Male der Zerrüttung sind das Echtheitssiegel von Moderne,* die Hufe der Pferde vor ihren Droschken, das Wechselgespräch eines jungen Paares, die Unterschiedlichkeit der Stimmlagen von Mann und Frau, das Abstellen eines Glases auf dem Metalltisch, die Signaltöne der Handys auf dieser Terrasse, oktavenweit voneinander entfernt die Hupgeräusche der Petit Taxis, die werbenden Rufe der Orangensaftverkäufer, der Garköche, der Gaukler; ein leises Wort der Verabschiedung, als ein Fremder von seinem Tisch aufsteht und geht.

49

Jemand telefoniert stehend auf einem Bein. Eine Art Strandtuch flach ausgebreitet inmitten einer Leere. Die Rückleuchte eines Motorrollers als einzige Lichtquelle für den Moment. Ein Polizist, der innehält im strengen Dienst, die Macht vergisst und sich für Sekunden neugierig in das Angebot eines Heilers verliert. Ein erwachsener Sohn an der Hand seiner gebrechlichen Eltern. Die zu einer Pyramide getürmten Strickmützen in den Händen der verschleierten Verkäuferin. Gerahmte Photographien von Fußballmannschaften, vom alten und vom neuen König. Ein Spatz, der auf dem Strandtuch landet, das silberne Band im Haar einer kleinen Prinzessin, die energischen Hinwendungen des Halaiqis an sein Publikum im schütteren Kreis, ein Junge im Rollstuhl, der ein Wundermittel feilbietet, sein Mitsichbeschäftigtsein mitten im Trubel, ein herrenloser Karren, der gerade jetzt wieder einen Karrenschieber gefunden hat, ohne dass du weißt, ob es derselbe ist wie zuvor.

50

Der Heiler gewinnt das Vertrauen seiner Halqa mit einer kleinen Zauberei. Er, ein Meister der Metonymie, lässt eine Zigarette verschwinden und stülpt ein mit Wasser gefülltes Glas um, ohne dass sich ein Tropfen verliert. Die Vorführungen ziehen sich hin und haben die Zuschauer längst überzeugt, als er endlich die Kampfer-Paste vorzeigt, die das Rheuma lindern soll. In Windeseile ist ein Freiwilliger gefunden, der sich behandeln lässt. Der Zauber setzt sich fort.

51

Erzähl mir vom Licht, erzähl mir von den Farben. Die ganze Palette der Koloraturen, angefangen bei jenem

Tiefgrün, wie es manchmal zwischen den Jahreszeiten in den Horizont geschrieben steht, bis zu der pastellierten Minze, dabei der blutrot leuchtende Gewitterhimmel, die Farbe der Orangen, ein tiefes Lila, die leuchtende Erde in der Mittagssonne, Gelb, Braun und Grau, zur Farbe gewordene Dunkelheiten, ein unverschämtes Blau im Jardin Majorelle, das Patchwork der Farben in den Gewändern auf dem Platz, wo du stetig etwas Neues entdeckst, für das es keine Namen gibt; Farben, die du bislang nicht einmal für möglich hieltest: wie sie sich durcheinander bewegen, um zu einer Komposition zu werden, die keine Mode erträumte.

52

Einer erzählt: Einmal fanden wir mitten im Souk einen Laden, der kaum etwas anderes verkaufte als diese Garnrollen, auf denen gleichsam alle Farben dieser Stadt aufgespannt zu sein schienen. Wir wollten sie besitzen, diese aufgespannten Farben, und legten eine nach der anderen auf dem Tresen zusammen, bis es 20 waren, 30, aber der Laden erschöpfte sich nicht in seinem Sortiment, und als er sich doch erschöpfte, da brachte der Händler andere Farben aus einem anderen Laden, und dann wieder neue aus einem wieder anderen Laden, bis der Tresen überquoll. Nein, wir kauften nicht alle, wir kauften nur einen Teil. Zu Hause angekommen, legten wir die Farben in einen Korb; wir zeigten darauf, wenn Gäste kamen, und wir erfreuten uns daran. Mancher mochte denken, das sind nur Garnrollen, wir aber sahen darin das Farbenmeer, und in ihm alle Farben aufgehoben, die wir vergessen hatten, das ganze Spektrum eben, in einem Korb, zu ebener Erde.

53

Marrakesch, heißt es, heißt die Stadt. Du sagtest: Stadt Gottes, ein anderer: Durchgangsplatz. Alle Wörterbücher sind falsch, wie die Übersetzungen. *Die Bedeutung eines Wortes,* sagte einer, *ist sein Gebrauch in der Sprache.* Das war neu oder schien neu zu sein. Hier zeigen sich die Dinge im eigenen Licht. Die Wörter sind da, wie die Dinge. Man geht mit ihnen um. Einige werden nur gebraucht, anderen schreibt man Bedeutung zu. Die wenigsten, sagtest du, bedeuten sich selbst.

54

Nachmittags im Café. Jemand schreibt vor sich hin. Das wird registriert, die anderen Gäste schauen gelegentlich hinüber: neugierig, etwas vom Tun des anderen zu erheischen. Aber der Schreibende blickt vor sich hin. Er ist da, ganz da ist er jetzt und bei sich und bei den anderen, ganz eingetaucht in das Geschehen, als gehöre er dazu. So sitzt er und schreibt. Er wird wiederkommen, morgen. Auch übermorgen und an den folgenden Tagen. Auch morgen werden die anderen Gäste neugierig auf ihn sein. Manch einer drängt sich danach, nah bei ihm Platz zu nehmen. So geht es immer am Beginn. Aber übermorgen, oder spätestens am Tag danach, wird der Argwohn beginnen. Man beachtet ihn nicht mehr. Er gehört nicht mehr dazu. Er ist ein anderer geworden. Ein Schmerz, mitten im allgemeinen Gemenge.

55

Das Gewerbe: zwei Bambusstöcke, zwei umgestülpte Zahnputzbecher, eine Schachtel Casa-Sports. Die Zigarettenschachtel steht auf einem der Becher; der Spieler muss versuchen, die Schachtel mit den Bambusstöcken aufzunehmen und sie auf dem anderen Becher zu platzieren. Dies scheint den erstmals Zuschauenden ein leichtes Unterfangen zu sein. Gewonnen hätte, wem es gelänge. – Bei einem anderen Spiel ist ein kleiner Ball durch zwei Zigarettenschachteln zu geleiten. Da muss ein doppelter Boden sein, meinte jemand. Ja, sagtest du vor dich hin, das ist ja das Gute daran.

56

Eine Zeit lang war das Leben auf dem Platz für dich wie eine Zeitlupe, eine Art Entschleunigung, die du photographieren und nach Hause tragen wolltest wie die Touristen, die von morgens bis abends auf den Terrassen der großen Cafés stehen mit ihren Polaroids, den Digitalkameras oder der Spiegelreflex. Wie viele Photos gibt es an einem Tag? Hunderttausende? Wann überschreitet ihre Zahl die Million? Und wie viele dieser Photos sind die pure Enttäuschung, werden in Archive gelegt, weggeworfen, eingeklebt, zerrissen, entsorgt, weil nichts darauf zu sehen ist, was man zu sehen glaubte? Du lehnst dich zurück.

57

In Wirklichkeit ist die Stadt ein Rotbezirk. Die Gebäude, auch hier auf dem Platz: Hauptfarbe Rot, Hautfarbe. Die Mauern, die Farben brechen im Licht der Sonne. Rot Rötlich Rosa in allen Schattierungen von Ocker- Terrakotta- Blass- Braun- Pastell- und Leuchtendrot: Farben, die in ihrer Unterschiedlichkeit aufeinandertreffen, sich berühren und verbinden, wie die Menschen in der Halqa.

58

Fana. Du sagtest, al-Fna sei das, was niemals enden kann. Ich wollte es genauer wissen: Ist es die Vernichtung, ist es das Nichts, ist es der Tod? – Der Tod als etwas, das niemals endet?, fragtest du. Wohl kaum. – Also das Paradies? – Das Paradies ist das Paradies, vielleicht. Jedenfalls nicht das Ende. Das, was niemals aufhört. Die Kreise. Gott. Das Erzählen.

59

Dann, zu fortgeschrittener Stunde, wenn das warme Licht einer langsam sinkenden Sonne den Platz in eine Koloratur verwandelt, an deren Zenit die Farben ins Namenlose sinken, weil keine Sprache ausreicht, ihre Vielfalt zu benennen: das Auftauchen eines einzelnen Menschen, sein Stehenbleiben mitten im Gewoge, durch das er sich Raum zu verschaffen scheint wie von unsichtbarer Hand, sodass seine bloße Anwesenheit eine Schneise schlägt zwischen all dem Bewegtsein, dem Eilen, dem Rauschen der Menge: Leere, Freiraum, Tabula rasa, in die er sich einzeichnet als bloßer Mensch. Noch ist nichts, was den Erzähler als Erzähler erkennbar machte, nicht sein fortgeschrittenes Alter, die einfache weiße Djellabah, die er trägt, am wenigsten viel-

leicht die abgerissene Pappe, die er in der Linken hält, – kaum möglich, eine Brücke zu schlagen zwischen den Druckbuchstaben auf deren Vorderseite und ihm, dem Stehenbleiber mitten auf dem Platz. Zur Rechten die Tasche aus Korbgeflecht, aus der er jetzt andere Pappstücke befördert, einen Klappstuhl zudem und den groben, breitkrempigen Hut, den er aufsetzt, wohlwissend um die Kraft der Sonne noch zu dieser Zeit. Das Erzählen beginnt oder hat längst begonnen mit einer kaum merklichen Geste, einer ausholenden Bewegung des linken Armes, die beiläufig an einen der Passanten gerichtet ist, als gäbe es einen Grund, hier stehenzubleiben. Andere Gesten folgen, ein Wort, ein Satz, ein Gedankenfragment aus einer der möglichen Geschichten, die es zu erzählen gilt, gerichtet an einzelne Flaneure, an ein Paar, das auf Wolken schwebt, eine Gruppe Versprengter, doch niemals an alle auf dem Platz. – Zwei Jungen streifen um diese Szenerie, in distanzierter Neugier, scharwenzelnd, bis einer von ihnen, angezogen von einem Wort, den Blick über die Schulter riskiert, um sich zu vergewissern, ob dem verlockenden Wort weitere Worte folgen. So lässt er sich schon hineinziehen in das Geschehen. Auch der andere hält ein, aber noch ist es nicht gewiss, ob dies hier Spiel ist oder Ernst. Die beiden Jungen versuchen sich in den Andeutungen einer Geste, einer Handbewegung, als wollten sie den Alten reizen, doch der lässt sie einfach gewähren, streut unbekümmert weiter seine Gesten, seine Worte aus, bis sich die Sprache mehr und mehr verdichtet. Diese Geschichte wird nicht geschrieben werden. Wie selbstverständlich bleibt ein Alter stehen, nimmt Platz auf jener Pappe, die ihm gereicht wird, als setze er sich an den heimischen Tisch, um auf das Essen zu warten, und bald schon werfen sich die beiden Jungen nieder. Jemand hockt sich auf den Gepäckständer seiner Vespa, ein anderer stellt die beiden Einkaufstaschen auf die Erde; die alte Frau, bis gerade noch in ein Gespräch verwickelt, stemmt ihre Hände in die Hüften, um fortan zu schweigen. Zwischen den Worten, den Gesten und Sätzen des Erzählers spinnt sich mehr und mehr ein Netz, ein Teppich, ein Etwas, das zu tragen scheint, und nicht mehr lange dauert es, da stehen, sitzen, hocken 20, 30 Menschen um ihn herum. Es ist beinahe ein Kreis. Längst ist das Erzählen in vollem Gange, und je mehr Menschen hinzutreten, umso mehr vollendet sich der Kreis, als würde hier gerade die Geometrie neu erfunden. So sehr gehen sie in die Geschichte ein, die ihnen erzählt wird: der Bauarbeiter, die Zugehfrau, der Bettler, der Lehrer, der Arzt, der Teppichhändler, die Brotverkäuferin, der Vorbeter aus der Moschee, der Schüler, die Schwänzerin, der Advokat, der Journalist, der Tagedieb, die Hennamalerin, der Transvestit. Die Großen nach hinten, die

Kleinen nach vorn. Arme verschränkt vor der Brust, skeptischen oder offenen Blicks, halb zugewandt oder schräg zu dieser Szenerie, in äußerster Konzentration. Den Kopf angewinkelt, die Hände im Hosenbund, in den Rocktaschen, um das Bündel eines winzigen Babys; Augen, die den Boden fixieren oder den Erzähler; kaum einer darunter, der sich jetzt ablenken ließe, einige geradezu starr, unbewegt, minutenlang, Fäuste in den Hüften, hinterm Rücken verschränkt, einen Hut haltend, das Kinn abgestützt, Ellbogen auf dem Lenker des Fahrrads, die Hände gefaltet, in Jacken- oder Hosentaschen. Sitzende, die Beine angewinkelt oder übereinandergeschlagen auf der Erde, im Schneidersitz, in der Hocke, den Blick gerichtet nach vorn, nach der Erzählung, nach innen und mehr. So verharren sie gesammelt, im Bann des Erzählers, und dieser Zustand könnte Stunden andauern, wenn nicht plötzlich eine Störung aufträte. Durch das Gewoge der Menschenmenge brandet ein Heer von Motorradfahrern heran, 4, 5, 7, 10 Maschinen, die unvermittelt dicht an dicht bis an den Kreis gelangen und die Geschichte touchieren, mit lautem Getöse. Die Männer steigen ab von den Maschinen und bauen sie in einer Reihe auf, was die Aufmerksamkeit einiger Jungen weckt, die gerade noch dem Erzähler lauschten. Nun bilden sie einen neuen Kreis, in Ansätzen zumindest, um die Maschinen der Männer, die mittlerweile posieren, mit ihren Mädchen, für ein kleines Ereignis der Kategorie «I have been there». – Ein Photo wird geschossen, bevor die Männer eilends wieder ihre Maschinen besteigen, als hätten sie nichts hier verloren, während die Jungen sich wieder dem Erzähler zuwenden, als sei nichts, aber auch gar nichts geschehen, nur dass ihnen nunmehr dieses kleine Stück aus der Geschichte fehlt, das sie sich fortan selbst zu denken haben.

60

Zeigegesten in den leeren Himmel, ein Ausspeien auf den Boden, das Abbiegen im rechten Moment. Ein Paar im Gespräch vor sich hin (ein jeder für sich?), der Argwohn in den Augen der Fremden, Neugier, Angst und Überlegenheit, Gleichmut im Schritt. Die Geste des Telefonierens, hängende Arme, im Rollstuhl die Beine übereinandergeschlagen, wet-look. Kurze Hosen, Pizzeria-Reklamen (nouveau). Fahnen im Wind. Die Motorengeräusche kommen nunmehr aus den Fernsehapparaten. Die Verschleierungen. Wo verhüllen sie, wo decken sie auf? Andere Frage: Wo sind sie ein Schutz? Noch ein Gang in noch ein Café. Einer im Anzug, einer in der Djellabah. Die Frequenz der fröhlichen und der missgelaunten Gesichter. Mitschriften, Abschrift. Die Stadt wird abgeschrieben.

61

An den Begebenheiten auf dem Platz ließe sich entwikkeln ein Kompendium rhetorischer Figuren und Tropen: die Hyperbolik in den Angeboten der Zigarettenverkäufer, die Onomatopöien der mobilen Schuhputzer, die wortlos an ihre Kästen klopfen, Hysteron proteron im Raum der Gespräche, die Metonymien der Heiler und Weissager, die Aposiopesen in den Gesängen der blinden Bettler, wenn ihnen ein Geldstück gereicht wird, die Chiasmen der Akrobaten in ihren Pyramiden, die Antonomasien und die Periphrasen in den Anreden der Touristen (Ca va, moustache, Bonjour, la gazelle), die Synästhesien der Garküchen, die Katachresen in den Warenangeboten am Rande, das pars pro toto an den Ständen der Brotverkäuferinnen, die immer nur einen einzigen Laib präsentieren, die Anaphern, die Alliterationen, die Assonanzen, die Allusionen und die Enjambements in den Gebetsrufen der Muezzins, die Tautologien und die Hypotyposen der Ladenschilder, Klimax und Antiklimax der Geschehnisse vom Morgen bis in die Nacht.

62

Das An-der-Hand-Sein, überhaupt das Sein, die Seinsform, als Gegenstück zum Nichts. Oder auch ein Gleichklang unserer Gefühle: Oftmals, wenn wir mit den Fingern gegenseitig über unsere Haut fahren, haben wir denselben Gedanken. Es ist das Licht. Deine Haut ist in dieser Stadt wie Samt, ich atme sie ein und rieche etwas wie den Joghurt aus jener Patisserie, deren Namen ich nicht verrate. Aber du wirst sie schon finden.

63

Blick in das Gesicht des anderen, beim zufälligen Aufeinandertreffen von flüchtigen Bekanntschaften, Herzensfreundschaft, Liebe: der pure Gruß, die Wachheit des anderen, die Hand an die Herzgegend gelegt. Du nimmst den Gruß in dich hinein, du atmest ihn ein – oder der Gruß atmet dich –, die Hand nimmt, die Hand gibt etwas mit vom anderen auf dem weiteren Weg.

64

Überall unser Begriff von einem Schauspiel: Handlung vom Aufgang der Sonne bis zum Untergang, Weltbildtheorie, Menschheitsgeschichte, darin die Zeit als Kontinuum. Simultaneität des Immergleichen und des Immer-Wieder-Anders-Seins. Das, was geschehen sein könnte. Die Bühne zeigte ehedem einen Schauplatz vor dem Palast, jetzt und hier stünden zur Auswahl: Bank Al-Maghrib, La Poste, die Gendarmerie, diverse Cafés mit unterschiedlichem Publikum: Café Glacier, Restaurant Toubkal, Café de France, Café Argana. Nicht auszumachen das Zentrum des Bühnengeschehens, das einsehbar erscheint von allen Seiten. Die Terrassen rings um den Platz, ebenerdig, auf erster, zweiter oder dritter Etage: Logenplätze für den *Spectator*, der sich im Grunde unbeteiligt glaubt. Ein schöner Trug. Niemand kann sich entziehen. Es gibt keinen Ausweg, nur Auf- und Abgänge, die, von wo immer du auch schaust und selbst wenn du sie zu kennen glaubst, so lange unsichtbar bleiben, bis sie tatsächlich benutzt werden von den Strömen, den Chören, den Statisten, den Protagonisten. Es ist alles eins: Die Rollen wechseln von einem Moment zum anderen.

65

Der Mann in sehr ärmlicher Kleidung kommt an jeden der Kaffeehaustische und reicht den Gästen die Hand zum Gruß, aber niemand reagiert darauf. «Er will

Geld», sagt ein Vorübergehender in englischer Sprache.
– Die Besitzer der Cafés teilen die Bettler in zwei Sparten ein: solche, die hier betteln dürfen, und solche, denen es verwehrt bleibt. Die Kaffeehausbesitzer sind die Verwaltungsbeamten eines Sozialsystems; wir, die wir hier sitzen, sind die Privilegierten. – Ein Bettler, der nicht genau dieser oder jener Sparte zugeordnet werden kann, diskutiert mit einem Gast seine Bedürftigkeit: Es ist ein fast lautloser, stummer Dialog, der mit wenigen Zeigegesten auskommt. Dort die Tajine, das Brot, der gezuckerte Thé à la menthe; hier die leeren Hände.

66

Eine Küchenschabe wird zertreten. Das ist kein großer Akt. Nach den letzten Bewegungen der Fühler, wie in den verlangsamten Bildern eines Films, liegt sie reglos, für zwei, drei Minuten. Dann schon kommen die Ameisen, zu Hunderten, und bemächtigen sich des toten Körpers.

67

Streit, Auflauf, Handgemenge, im Handumdrehen bildet sich ein Kreis um das Geschehen herum. Eine der Hennamalerinnen kommt von der Seite, bahnt sich zeternd mit den Armen einen Weg durch die Menge und reißt die Streitvögel auseinander. Im Nu ist der Zwist getilgt. Der Kreis zerstreut sich, die Frau atmet durch und geht an ihre Arbeit zurück, nur damit beschäftigt, das Tuch, das ihr vom Kopf gerutscht ist, neu zu richten.

68

Seit diesem Sommer verschwindet das Pflaster. Es werden Bodenplatten ausgelegt, ein hübsches Muster ineinandergeschobener geometrischer Figuren, das den Fugen einen Raum überlässt für die kleinen Dinge, die darin verschwinden mögen: Billets, Centstücke und Staub. Aber verschwinden werden die Intarsien des Asphalts, die Colaflaschenstöpsel und die Fußabdrücke, die, einmal in der Mittagshitze auf den Grund gefallen, über Jahre erhalten blieben.

69

Der neuerliche Versuch, den Platz nurmehr wahrzunehmen mit dem Gehörsinn. Der Versuch, sich für einen Moment gleichzumachen der Bruderschaft der blinden Bettler, die am Abend in einer Reihe vor dem Eingang in die Kissaria hocken, auch wenn darin unendliche

Vermessenheit liegt: Stimmengeraune wie in einem Fußballstadion, bei einer politischen Demonstration, wo die Menge gerade nicht aufgewiegelt ist, sondern das Geschehen ruhig dahinläuft; dazwischen die Billighändler inmitten ihrer Haufen von Kleidern, Hemden, Hosen und Gürteln, die unentwegt mit Nachdruck einen einzigen Preis skandieren, so nachdrücklich laut, dass sich die Geräusche der Motoren dagegen leise ausnehmen. – Alle Vergleiche schlagen fehl, weil sie sich an die Bilder klammern. Wahr ist den blinden Bettlern in ihrer Symphonie des Raumes nur das Klimpern der einzelnen Münze auf dem Blechteller, das Ertasten eines Wertes zwischen Zeigefinger und Daumen, der Unterschied der Physiognomie von altem und neuem König, das der Reibung ihrer Fingerkuppen sich erschließt.

70

el fna, fana, faná: Einer sagte, fana sei auch ein Begriff für den größten Platz im Hause. Sicher nicht der Tod. – Ein anderer hatte gehört, hier habe einst eine Moschee gestanden, die nie vollendet worden sei, oder: deren Zerstörung den Menschen wie fana erschienen wäre. Nicht wie der Tod, vielmehr wie das Nichts selbst, das Ende der Welt.

Oder auch nur ein Handbuch der kleinen Dinge, die verkauft werden am Rande des Platzes: ein Dictionaire für das senegalesische Französisch, diverse Arten und Größen künstlich hergestellter Versteinerungen: Schlüsselanhänger, Briefbeschwerer, Medaillons. Die Landesfahne für den Schreibtisch, den Laden, das Haus; Autoaufkleber mit den Suren des Koran, ein abgelaufenes TV-Magazin, Sandalen in gebrauchtem und fabrikneuem Zustand. Markenware, No-names, Handarbeit, kopierte Markenware: Wäsche, Strümpfe, Feuerzeuge, Geldbörsen; Kugelschreiber von Bic und von Montblanc, Kalendarien zurückliegender und zukünftiger Jahre: 2003, 2004, 2006, FAZ, L'opinion, Al-Arab, Les Femmes Marocaines, Maison Maroc, Star Search, Lichtpausen, Plastification. Berge gebündelter Minze, Sonnenbrillen von Gucci, Yves Saint Laurent, Adidas, Nike, Musikcassetten, CDs, Schwämme und Tücher für das Hammam, ein Stadtplan von Casablanca, eine Freiheitsstatue, die Hand der Fatima, Koranausgaben in Deutsch, Englisch und Esperanto, How to Learn the Arabic Language, Lederetuis für die Zigarettenpackung, Berberketten, Plastikbänder, ein Espresso-Service, Brotlaibe, Hennafarbe, ein Dollarschein, A Short View on Al Qaida, Amulette, Windows XP Professional, eine

Visitenkarte des Hotels Mamounia, Ledergürtel, Plastikgürtel, Plastikledergürtel, loses Safran, ein Essbesteck, das den marokkanischen Stern als Emblem auf allen Griffen trägt.

72

Er versicherte, alle Markennamen seien ein Betrug. Vergleiche nur, sagte er, das Markenzeichen von New York mit dem von Yves Saint Laurent. Genau dieselbe Methode, die übereinandergelegten Buchstaben, kaum entzifferbar im ersten Moment. Vielleicht sei Yves Saint Laurent gar kein Modemacher, sondern eine andere Stadt, auf einem bislang unentdeckten Kontinent. Ja, sagte er, eine andere Stadt hat unsere halbe Medina aufgekauft. Im Übrigen gebe es überhaupt nur Fälschungen und Plagiate.

73

Das Grün der Markisen auf der gegenüberliegenden Seite, die breitkrempigen Marktschirme beinahe, beinahe im gleichen dunkelgrünen Farbton (die Markisen sind neu, die Schirme uralt), aber zwischen dem Grün einzelne Schirme mit der Aufschrift «Hawai», «Coca Cola» oder «Amstel beer».

74

Gehörst du schon dazu? Du weißt es nicht. Jetzt ist Abend, bald ist Nacht. Du machst dich auf den Weg zum Hotel. Im Sommer kann die Nacht beschwerlich sein in Marrakesch. Der Schlaf ist ein Filigran aus wahren und geträumten Stimmen *und treibt die vergessenheit zur eile / in / der nacht / der grenzen*. Die Stimmen sind der Untergrund der dichterischen Bilder, die nächtens in dir zünden mögen.

75

deine lebenslange bemühung / um eine einzige bewegung // aus dem handgelenk: / die alphabetisierung // des menschen, all der zeichen / unendlicher variation, // von der entstehung / eines lautes, einer geste, // bis hin zum gespräch / durch die jahrtausende. // kreaturen, geronnen / aus schrift, gezeichnet von schrift, // zurückgelegt und / aufgehoben // in bewegung, / in schrift // lesbar gemacht, / handzeichen einer schöpfung // auf dem papier, / jetzt und // darüber hinaus.

für Hans Werner Geerdts

Versuch einer Inspektion in der Frühe: vereinzelte Schreiber auf dem Platz, dessen Plateau mit den neuen, karierten Bodenplatten jetzt schon langsam verschwimmt wie die Woge einer leichten Dünung, über die sich asphaltschwarz eine Patina ausbreitet aus Lehmwasser, Staub, Resten des Festes von gestern. Beim Gang durch die Mitte des Platzes andeutungsweise jenes Federn schon, das du von früher kennst, als der Platz noch teergedeckt war. Du sagtest ja, darunter liegt die Wüste, der nachgiebige Sand. Die Fugen der Bodenplatten, die sich nach und nach verschließen mit einem undurchsichtigen Konglomerat des Nichts. Gestern entdeckte ich den ersten Kronenkorken in einer der Fugen, die Innenseite nach oben, den gezackten Rand wie die Bedrohlichkeit eines Mikrokosmos mir zugerichtet. Das Bild des Lenkrads im Innern des Korkens, unter der Schutzhaut: wie immer nicht das, was die Kinder suchen, wenn sie auf den vom Getränkekonzern versprochenen Gewinn hoffen, das Moped oder die Musikanlage. (Man denkt immer, es ist niemals, sagte einer, als du neugierig die Flasche öffnetest, um in ihrem Korken jenes Bild zu entdecken, das den Gewinn verspricht, das aber niemals auftaucht.)

77

Auf die Frage, was fana bedeute, sah sich der Postkartenhändler neben dem Hotel Ali zu keiner Antwort imstande, hätte man meinen können. So kam er hinter dem Tresen hervor, nahm den Fragenden bei der Hand, führte ihn kurz vor die Tür seines Geschäfts, deutete mit einer Geste in die Richtung des Platzes, wo gerade unzählige Karren auffuhren, um die Garküchen aufzubauen, und sagte beiläufig: «Ca, c'est Djemaa el Fna. La place avec les musiciens, les acrobats, les cuisiniers, les médecins et les conteurs». Jede Nachfrage wäre sinnlos gewesen. Das Wort fna würde nur für diesen Platz benutzt, das sei alles, ließ er beharrlich verlauten.

78

Alle möglichen Schattierungen von Glück und Unglück. Unter einem Schirm sitzen drei Gestalten, in eine Unterhaltung vertieft, die nicht zu enden scheint. *Jemand zeigt eine Geschichte, statt sie zu erzählen.* Einer, der nur mit sich selbst spricht, läuft, trippelt unentwegt hin und her auf einer Distanz von ungefähr 200 Metern. Wie von Sinnen. Es heißt, er sei beinahe ein Heiliger.

79

Ein Guardian sammelt Schnipsel von Papier, einer der Händler trägt drei Paletten mit Eiern über den Platz, einzelne Töne der Flöte eines Schlangenbeschwörers ertönen, bevor ein langes Crescendo zu hören ist, jemand hält ein Bündel Minze an die Brust gepresst, ein Garkoch – Zidane – entfernt sich im Dauerlauf von seinem Stand, ein Moped hupt zweimal, die Wahrsagerin sitzt sitzt sitzt unter ihrem Schirm, ein Tourist liest im Gehen die Nachrichten auf seinem Handy.

80

Unterschiede. Eine Münze in der Hand des Bettlers, in der des Zigarettenverkäufers, des Kellners, des Kaufmanns, des Bankangestellten, des Gastes in «Les Jardins de la Koutoubia». *Die wahre Vernunft setzt Vernunft außer Kraft.* Wie die Welten sich voneinander entfernen.

81

Dichtung. Unterschiedliche Musik aus mehreren Lautsprechern, in die du eine Ordnung hineinzudenken versuchst. Das asynchrone Aufflackern der Leuchtreklamen, ihr unwillkürliches Zusammenspiel. Gerasterte Bilder. Eine Storchenfeder, die vor deinen Füßen landet. Wirklichkeitskonstruktionen. Die Wertschätzung der Älteren. Wir lernen die Sprache anhand einer Lautschrift. Schwelle zwischen Diesseits und Jenseits. Die Rauchschwaden über dem Platz, eine andere Schrift. Kalligraphien und Arabesken in den Gesprächen. Alle Wörter nachschlagen, nur nicht die unbekannten. Wortwiederholungen. Variationen. Tiradenverse. Spuren, die sich im Nichts verlieren. Eine Parallelität von Sprache und Begebenheit. Der plötzliche Einbruch des Todes ins Geschäft. Das Ganze sehen: Nicht, insofern es vieles, sondern insofern es eines ist. Die Abfälle eines Tages, bevor sie zusammengekehrt werden. Nichts besitzen, von nichts besessen sein. Eine plötzliche Umkehr. Die misslungenen Übersetzungen auf einem Emailleschild. Das Nachzeichnen einer Ziffer, das die Endgültigkeit des Preises bekräftigt. Sich selbst sehen im Vorübergehen.

82

Der Unterton des Morgens, der diese Stille unterstreicht und sich in deine Träume legt, bis ein nachbarschaftlicher Hahn deinen Schlaf anscharrt, lange bevor der erste Ruf des Muezzins erklingt. Du vermagst diesen Ton nicht zu orten, und fast erscheint er dir wie bloßes Erbe eines tiefen Traums, wenn du dich einer Uhrzeit erinnerst, als habe jemand eine Verabredung getroffen mit dir. Dabei wolltest du selbst an diesem letzten Tag einmal morgens um diese Zeit in die Stadt und das «Cinq heure le matin», gemeint als pure Information über die Öffnungszeit eines Cafés, hattest du als willkommenen Vorwand genommen, um endlich aufstehen zu müssen. In der Nacht gehört die Stadt wie alle Städte beinahe nur den Katzen, die sich der Reste eines Festes bedienen und sie sortieren nach ihrer eigenen Manier. Und bald schon sitzt du als einer der ersten Gäste morgens gegen halb sechs vor dem Café. – Es sind ja nicht die eigentlich ungewöhnlichen Bewegungen, die zu beschreiben sind, sondern: der Gang zur Arbeit, das Vor-sich-Herschieben eines Karrens, die Herrichtung des Straßenladens, das Auftürmen der Orangen zur Pyramide von Gizeh. Gemächlicher Tritt in die Pedale, das Halten der Pferdezügel, der schweifende Blick über den leeren Platz, Zeitungsseiten vom gestrigen Tag, die der Wind in das Off bläst, das Auf- und Abwippen eines Körpers unter den Bewegungen des Esels, die rudernden Arme im Takt eines eiligen Gangs; am Rande der Szene ein gestisches Lamento wegen eines ausstehenden Kaffees. Daneben jene, die gleichförmigen Blicks in die Zeitung schauen, Le Matin du Sahara, weil Liberation erst gegen Mittag kommt. Die Bewegungen der Lippen beim Lesen, ein Stirnrunzeln, ein Weiterblättern im über die Schulter geworfenen Blick auf den Tresen, der langsame Aufstieg der Sonne, der die Schatten der Markisen tiefer auf die noch verschlossenen Rollläden fallen lässt, das mit einer Geste des Einhaltens in Richtung des Lamentierenden dargebotene Kaffeeglas, das Anschieben eines Mopeds, das Brodeln der Kaffeemaschine, ein zunehmendes Anschwillen der Geräuschfrequenzen wie bei einem Orchester, dessen Musiker erst nach und nach eintreffen, ein plötzliches Stehenbleiben eines Einzelnen auf dem Platz in Gedanken an etwas Vergessenes, der beim Radfahren in die Hüfte gestemmte Arm, ein halbes Rind, das auf einer Schulter quer über den Platz bis in den Hof des Metzgers getragen wird, die lächelnde Zuneigung zweier Köpfe, die ins Gespräch vertieft sind, das Einhalten des Lamentierenden trotz des immer noch ausstehenden Kaffees. Die quietschenden Rollen beim Platzieren des Postkartenständers, des Colaautomaten, der Zeitungsstellage. Die mit dem Anschalten des Radios einsetzende Musik, zwei miteinander verbundene Hände, kreuzende Motorroller, ein Zurückgelehntsein, die Zeitung in der Hand mit übereinandergeschlagenen Beinen, die Faltenwürfe von Zeitungsblättern, drei Zigarettenverkäufer, die ihre Arbeit aufnehmen im Umkreis von fünf Quadratmetern, die Resignation des Lamentierenden, sein In-sich-Kehren, das nurmehr unterbrochen ist von gelegentlichen Fetzen eines leisen Selbstgesprächs, als sei nun alles egal. Das Stehenbleiben einer Kutsche und die Verhandlungen um den Preis mit erhobenen Händen. Ein Einigwerden über den Preis, begleitet von vielen Worten, gerade als der vormals Lamentierende, fast unbemerkt von den anderen, die Terrasse verlässt und beim Weggehen eine Zick-Zack-Spur über den Platz legt; der gleichförmige Blick des Kellners über die Gästeschar, die Frequentierung des Cafés im Zickzackmuster. Wie ein jeder Tisch nur von einem Gast besetzt ist in diesem Moment, von Einzelgästen, deren jeder vor sich hat, auf schraffierter Kunststofffläche seines Tisches: das ganz oder dreiviertel gefüllte Wasserglas mit der wulstigen Handhabe, und, daneben, etwas kleiner, das Kaffeeglas, das auf einem metallischen Unterteller steht, darauf zwei oder drei Zuckerstücke, solange der Kaffee noch nicht ausgetrunken ist; die geometrischen Figuren in der Stellung der Gläser zueinander, die Spuren der aufgeschäumten Milch, die Spuren des Glasbläsers, des Spülers, die Fingerabdrücke des Gastes, die Konstellation der Zuckerstücke auf dem bloßen Tisch, während der Unterteller als Ablage für ein zusammengeknülltes, braunes Papier benutzt wird, in dem ein Frühstück steckte, das der vormals lamentierende, jetzt verschwundene und vergessene Zick-Zack-Mensch nicht haben wird, auch wenn sich das Muster seines Fortgangs über diesen Tag legen wird.

83

al-fana. Das, was niemals enden kann. Immer noch beharrtest du auf dieser Erklärung. Wie die Heiler, die Gnaoui, die Seher ausharren auf dem Platz, auch wenn kein Zuschauer in Sicht ist. Wie der Erzähler bleibt, der nun manchmal stundenlang wartet und dessen Halqa stetig kleiner wird, ein Halbkreis fast. Das, was bleibt, wenn alles andere verschwindet, verdirbt, ausgelöscht ist: das Vergängliche, all die einzelnen Dinge, das Ich. Entwerdung. Nichtung. Was bleibt, unaufhörlich: Das Nicht-Vergängliche, das Allumfassende, das Ganze. Gott. Es wird niemals enden, sagtest du, das Erzählen.

84

Tischzeit, Festzeit, Abendmahl: vor Einbruch der Nacht ein letztes Mal der Weg durch die improvisierten Gassen der Garküche, die die Gaben dieses Landes feilbieten unter dem Licht baumelnder Glühbirnen: Ziegenköpfe, Merguezwürste, gedünstetes Fleisch, Tajines in allen Vari-

ationen, das zu Pyramiden getürmte Couscous, der Safranreis, Früchte, der ziselierte Salade Marocaine, Harira, die aus mächtigen Behältern geschöpft wird, das Brot und der Minztee. Auch zu so fortgeschrittener Stunde laden dich die Werber immer noch an ihren Tisch, wo du Platz nehmen könntest auf einer der Holzbänke, um ganz einzutauchen in das Fest. «J'ai déjà mangé», antwortest du mit verlegenem Lächeln, und es klingt in dir nach, als habest du dich dafür entschuldigen wollen, dass du den Glauben des Fragenden nicht teilst. Dabei war es doch Angst um deinen Magen, die dich abermals in die vertraute Küche des «Chegrouni» oder des «Toubkal» getrieben hatte, am Rande des Platzes, um dir dort den Bauch vollzuschlagen. Jetzt aber wird ein anderer Hunger gestillt, der Hunger von Auge, Nase und Ohr, für die sich lauter Sinnlichkeiten entfalten, als sähest, röchest, hörtest du zum ersten Mal in deinem Leben. Weiter treibt es dich, weiter in die nächste und die übernächste Gasse, wo überall zu dieser Zeit noch Gäste auf den Bänken bei den Speisen zueinander finden. Kaum genug kannst du haben an diesem Bild, in das du dich hineindenkst, als dein Blick auf die Pyramide der Akrobaten fällt, der Söhne des Sidi Ahmet ou Moussa, die, etwas abseits von den Essensständen, dicht umgeben von dem großen Kreis der Zuschauer, ihre Kunst vollführen. Du trittst hinzu, du harrst minu-

tenlang aus im Anblick ihrer Geometrien, ihrer Bewegungen, ihrer Ordnung, von der du nicht einmal weißt, ob sie erzwungen ist oder frei gewählt. – Nebenan die Kreise der Prediger, der Aufklärer, der Musiker: Lehrraum und Tanzboden der himmlischen und weltlichen Dinge, Wahrsagerei, Zukunftsmusik, Trance der Gnaoui, die sich zu verlieren scheinen in einem umgekehrten Werden. Auflösung des irdischen Ich für Sekunden. Jemand zeichnet mit Kreide ein Kryptogramm auf den Boden; die Hennamalerinnen schreiben ihre Zeichen auf die Haut der Touristen. Dann, wie jeden Abend an demselben Ort: das Angelspiel, der simple Jahrmarktzauber, wie du denkst. Ein Gummiring, der um den Hals der Limonadenflasche gelegt werden muss, mithilfe dieser langen Bambusangel, was selten genug gelingt. Nur wenn der Patron des Geschäfts die Angel ergreift, ist das Kunststück im Nu gelungen; es raunt der Kreis der Zuschauer, und man zückt die Münze für einen fünfminütigen Versuch, wie du. Tatsächlich, zum ersten Male stehst du, der du dieses Spiel so oft betrachtet hast, die Glücklosigkeit der Spieler zudem, zum ersten Male stehst du mit der Bambusangel in der Hand auf diesem Platz. Kontemplation: Versuch der Versenkung in die Statik jener Bewegung, die es erlauben würde, den Ring um eine der Flaschen zu legen. Fünf Minuten, gedankenverloren, eingewachsen in diesen Platz. Fünf Minu-

ten, um in dieser Statur dein Leben zu überdenken und womöglich neu zu ordnen. Wie zu erwarten war, geht das Spiel verloren. Du wendest dich ab, nunmehr teilend die Erfahrung dieses winzigen Verlustes mit abertausend anderen. – Noch einmal gehst du auf die Ränder zu, auf die Ränder des Platzes. Gerade noch sind die Cafés geöffnet, bald aber wird das La Place schließen, werden Tische und Stühle zusammengestellt, wird gekehrt auf der Terrasse, bis schließlich nur noch einer der Tische übrig bleibt, daran der Kellner Mohammed mit zwei Gästen, so sehr vertieft in das Gespräch, dass es ewig dauern könnte. Dabei will Mohammed mit seinem spärlichen Französisch doch nur erklären, dass er nichts anderes begehrt als seine Gäste zur Hochzeit der Schwester einzuladen, ohne jeden Hintergedanken... – Du träumst. Das La Place ist längst verschwunden, und mit ihm Mohammed der Kellner, so lange du auch danach suchst. – Du gehst hinüber zu Glacier, nimmst einen eiligen Kaffee, kehrst vielleicht noch ein in das Argana und landest schließlich abseits vor dem Mabrouka, das immerhin Orangensaft serviert, bis die Kinovorstellung gegen halb eins beendet ist, wenn du, in der Woge der Besucher der Nachtvorstellung, wieder Richtung Djemaa el Fna gleitest, die sich geleert hat unterdessen, bis auf einzelne Gestalten, Bettler, Polizisten, Nachtreisende; Frauen, die unter der Verhüllung mit dem Körper zu werben scheinen. Die Vorstellung, einen Hundert-Dirham-Schein einfach fallenzulassen auf dem dunklen Boden und eine von ihnen wenigstens für diese eine Nacht auszulösen von der Schmach, bleibt pure Phantasie. Aber von den beiden Bündeln der Minze, die du für die Nacht erwirbst, reichst du eines weiter an den blinden Bettler, der es wie selbstverständlich hinnimmt, dass diese Nacht für ihn ein kleines gutes Ende haben könnte.

85

Die Vorstellung, alle Abschiede seien nur vorübergehend. Die Stühle vor dem Café werden zusammengeräumt für den kommenden Tag. Jemand geht seines Weges; in beiden Händen trägt er den Präsentkorb für das nahende Fest. Die Musik wird leiser, bevor sie ganz verstummt. Ein letzter Schluck Kaffee. *Der Laut, der alle anderen Laute überlebte.* Wer jetzt genau hinhorcht, der hört ein Stimmengewirr wie eh und je. Es wird noch vorhanden sein, wenn du längst verschwunden sein wirst, zum Beispiel mit einem Linienbus in eine andere Stadt.

86

Was bleibt, vorläufig, ist diese Stadt. Die Stadt hat Auftakt und Kadenz, Rhythmus und Metrum, Gereimtes und Ungereimtes und etwas dazwischen, Bilder, Figuren, Paradoxien. Schule der Sinne, in der die Sinne verschwimmen: Synästhesie heißt das in der Dichtersprache, von der hier nicht zu reden ist. Aber die Stadt macht es zugänglich, erlebbar, diesen Auftakt beim ersten Eintauchen in die Djemaa el Fna, bei der ersten dezenten Berührung mit niemals Gesehenem, unsichtbar Sichtbarem, der erahnten Haut unter einem groben Stück Stoff, das den eigenen Ärmel berührt, eine Berührung, die den Teppich auslegt für alles Weitere, bis hin zur letzten Kadenz, wenn die Tür des Taxis zuschlägt, das dich fortbringen wird, vorläufig, endgültig, bis auf Weiteres. Dazwischen all diese Bilder, Harmonien und Dissonanzen, der Klang der Wörter, dem das getragene Maß der Muezzins ein tägliches Metrum unterlegt, auf das die Trommeln mit ihrem Rhythmus eingespielt sind.

87

Der Versuch, am Ende eines vollen Tages die Visitenkarten zuzuordnen, die Billets der Busfahrten und der

Restaurantbesuche, die kleinen Zettel, auf die du eine Zahl gekritzelt hast oder ein einzelnes Wort. Zwischendurch sagtest du: Es würde genügen, ein Glas Minztee beschrieben zu haben. Aber immer bleibt es bei dem Versuch.

88

Je länger die Reise dauert, umso mehr kleben die Blätter des Notizbuches zusammen vom Zucker der Kaffeehaustische. Eine schöne Vorstellung, am Ende sei alles geschrieben und das Buch ließe sich nicht mehr öffnen, geschweige denn lesen. Wie, wenn das Buch plötzlich wieder leer wäre, die Seiten weiß und unbeschrieben, und nur der Einband und der Schnitt, sie trügen die Spuren der Reise. Eine Sekunde des Schreckens, gewiss. Aber wäre das etwas anderes als jetzt, wo die Ungewissheit noch vor dir liegt? Ein letztes Mal die Geräusche: das Zusammenstoßen zweier Gläser beim Abräumen, das Abklappen eines Fahrradständers, die diversen Arten des Schlurfens über den Boden, der Abspann zweier Fernsehfilme, das Kratzen der Stuhlbeine auf dem Terrassenboden, Deutsch, Arabisch und Französisch aus den Lautsprechern der Television, die letzten Worte des Abends. Das Verschwinden eines Schattens im späten Sonnenlicht. *flatternd bauschig gezähmt / fällt der abend über haut und haar // und bringt den schoß zum glühen.* Die Tropfen, die im Meer aufgehen. Was bleibt, schreibt sich von selbst: Wir werden uns wiederfinden, irgendwann. Inch'allah.

Marrakesch/Essaouira/Würselen
August 2005

Die im fortlaufenden Text kursiv gesetzten Zitate und Zitatfragmente stammen von:
Jim Morrison (5), Mohammed Bennis (in der Übersetzung von Suleman Taufiq) (9), Arthur Rimbaud (13), Juan Goytisolo (in der Übersetzung von Thomas Brovot) (18), Ibn Arabi (in der Übersetzung von Alma Giese) (22), Reinhard Kiefer (24), Wolfgang Niedecken (28), Wolfgang Koeppen (35), Ibn Ruschd (44), Hubert Fichte (46), Theodor W. Adorno (48), Ludwig Wittgenstein (53), Mohammed Bennis (in der Übersetzung von Stefan Weidner) (74), Jorge Luis Borges (in der Übersetzung von Karl August Horst und Gisbert Haefs) (78), Al-Mutamid Ibn Abbad (in der Übersetzung von Georg Bossong) (80), Elias Canetti (85) und Hans Werner Geerdts (88).

Dank für Initiation, Ermutigung, Motivation, künstlerische Anregung, Kritik, Heimstatt, Gastfreundlichkeit, Freundschaft und Brüderlichkeit an

Bernhard Albers, Anton Escher, Hans Werner Geerdts, Reinhard Kiefer, Heinz-Josef Lambertz, Manfred Leuchter, Franz-Josef Ritzerfeld, Marianne Schepers, Abdellatif Squizzi, Mohamed Tiffardine, Ali Zamharir, alle marokkanischen Freunde – und Birgit.

Christoph Leisten im Rimbaud Verlag

Christoph Leisten
in diesem licht
Gedichte
64 S., fadengeh. Klappenbrosch., 2003
ISBN 3-89086-691-3

Christoph Leisten
Marrakesch, Djemaa el Fna
Prosa
(Rimbaud-Taschenbuch Nr. 45)
80 S., brosch., 2005
ISBN 3-89086-611-5

Rimbaud-Taschenbuch

Friedrich Kröhnke
Murnau Eine Fahrt (Rimbaud-Taschenbuch Nr. 1)
72 S., brosch., 2001, ISBN 3-89086-722-7

Arthur Rimbaud
Ein Aufenthalt in der Hölle
Übertragen von Thomas Eichhorn
(Werke Bd. 3) (Rimbaud-Taschenbuch Nr. 2)
76 S., brosch., 2001, ISBN 3-89086-874-6

Wieland Schmied
H. C. Artmann Erinnerungen und Essays
(Rimbaud-Taschenbuch Nr. 3)
80 S., brosch., 2001, ISBN 3-89086-727-8

Reinhard Kiefer
Thomas Mann Letzte Liebe (Rimbaud-Taschenbuch Nr. 4)
64 S., brosch., 2001, ISBN 3-89086-729-4

Eva Hesse
Marianne Moore Dichterin der Moderne
(Rimbaud-Taschenbuch Nr. 7/8)
130 S., brosch., 2002, ISBN 3-89086-749-9

Wieland Schmied
Erinnerungen an Ezra Pound (1885-1972)
(Rimbaud-Taschenbuch Nr. 9)
68 S., brosch., 2002, ISBN 3-89086-719-7

Paul Celan
Gespräch im Gebirg
Mit einem Kommentar von Theo Buck
(Texte aus der Bukowina Nr. 15) (Rimbaud-Taschenbuch Nr. 10)
62 S., brosch., 2002, ISBN 3-89086-744-8

Hubert Fichte / Jean Genet
Ein Interview Mit einem Text von Mohamed Choukri
(Rimbaud-Taschenbuch Nr. 11)
64 S., brosch., 2002, ISBN 3-89086-717-0

Michael Guttenbrunner
Im Machtgehege VI Prosa (Rimbaud-Taschenbuch Nr. 12)
60 S., brosch., 2002, ISBN 3-89086-718-9

Heinz Kreutz
Interview mit Kirsten Kretschmann-Muche
(Rimbaud-Taschenbuch Nr. 13)
84 S., brosch., 2003, ISBN 3-89086-706-5

Paul Schuster
Huftritt Erzählungen (Rimbaud-Taschenbuch Nr. 14/15)
160 S., brosch., 2003, ISBN 3-89086-701-4

Reinhard Kiefer
Gottesurteil Paul Wühr und die Theologie
(Rimbaud-Taschenbuch Nr. 16)
80 S., brosch., 2003, ISBN 3-89086-702-2

Wieland Schmied
Die schwierige Schönheit
Ezra Pound und die bildende Kunst
(Ezra Pound Studien Zweiter Band)
(Rimbaud-Taschenbuch Nr. 17/18)
124 S., brosch., 2003, ISBN 3-89086-705-7

Eva Hesse
Vom Zungenreden in der Lyrik
Autobiographisches zur Übersetzerei
(Rimbaud-Taschenbuch Nr. 19)
80 S., brosch., 2003, ISBN 3-89086-683-2

Olga Martynova
Wer schenkt was wem?
Ausgewählte Besprechungen 1999-2003
(Rimbaud-Taschenbuch Nr. 20/21)
192 S., brosch., 2003, ISBN 3-89086-686-7

Reinhard Kiefer
Café Moka
Nachschreibungen zu Agadir
(Rimbaud-Taschenbuch Nr. 22/23)
144 S., brosch., 2003, ISBN 3-89086-685-9

Dagmar Nick
Götterinseln der Ägäis
Naxos. Paros. Mykonos. Delos. Sifnos. Thera.
(Rimbaud-Taschenbuch Nr. 24/25)
300 S., TB brosch., 2005, ISBN 3-89086-649-2

Jacob Klein-Haparash
Das Mädchen aus dem Souterrain
(Rimbaud-Taschenbuch Nr. 32)
84 S., brosch., für 2005, ISBN 3-89086-643-3

Klaus Siblewski
Die diskreten Kritiker
Warum Lektoren schreiben – vorläufige
Überlegungen zu einem Berufsbild
(Rimbaud-Taschenbuch Nr. 34/35)
176 S., brosch., 2005, ISBN 3-89086-640-9

Jan-Frederik Bandel
Signierte Wirklichkeit
Zum Spätwerk Arno Schmidts
(Studien zur Literaturgeschichte Bd. 4)
(Rimbaud-Taschenbuch Nr. 37/38)
226 S., brosch., 2005, ISBN 3-89086-631-x

Christian Teissl
Wege ins Ungereimte
Zur Lyrik Michael Guttenbrunners
(Rimbaud-Taschenbuch Nr. 39/40)
176 S., brosch., 2005, ISBN 3-89086-640-9

Perikles Monioudis
Im Äther
In the Ether
Eine poetologische Betrachtung der Wissenschaften
und eine wissenschaftliche Betrachtung der Poesie.
A Poetological Exploration of Science
and a Scientific Exploration of Poetics.
(Zweisprachige Ausgabe deutsch – englisch)
(Rimbaud-Taschenbuch Nr. 41)
132 S., brosch., 2005
ISBN 3-89086-628-x

Rimbaud-Taschenbuch Band 43
Hrsg. von B. Albers
Originalausgabe

Umschlag: Hans Werner Geerdts, o. T. 1998, 22 × 32 cm

Bibliografische Information Der Deutschen Bibliothek
Die Deutsche Bibliothek verzeichnet diese Publikation in der
Deutschen Nationalbibliografie; detaillierte bibliografische Daten
sind im Internet über http://dnb.ddb.de abrufbar.

Alle Rechte vorbehalten
© 2005 Rimbaud Verlagsgesellschaft mbH
Postfach 10 01 44, D-52001 Aachen
Einbandgestaltung: Jürgen Kostka, Aachen
Satz: Walter Hörner, Aachen
Schrift: Stempel Garamond
Säurefreies Papier
Printed in Germany
ISBN-13: 978-3-89086-611-6
ISBN-10: 3-89086-611-5
www.rimbaud.de